LOLA
& asociados

Las nuevas aventuras de Lola Lago

Sin noticias

Autoras
Lourdes Miquel y Neus Sans

Coordinación editorial
Pablo Garrido

Redacción
Carolina Domínguez

Diseño y maquetación
Pedro Ponciano

Ilustraciones
Sebastià Cabot

Corrección
Pablo Sánchez

Traducción
Anexiam

Fotografías
Cubierta Elitsa Deykova/Gettyimages; **p. 10** Sean Pavone/Dreamstime.com;
p. 14 Jacqueline Moore/Dreamstime.com; **p. 16** Chernetskaya/Dreamstime.com;
p. 17 Chernetskaya/Dreamstime.com; **p. 34** Michał Rojek/Dreamstime.com;
p. 52 Andriy Bezuglov/Dreamstime.com, Rido/Dreamstime.com.

ISBN: 978-84-18032-08-0

Impreso en la UE

C/ Trafalgar, 10, entlo. 1ª
08010 Barcelona
Tel. (+34) 93 268 03 00
Fax (+34) 93 310 33 40
editorial@difusion.com

difusión

www.difusion.com

MIXTO
Papel procedente de
fuentes responsables
FSC® C019520

LOLA LAGO
& asociados

Las nuevas aventuras de Lola Lago

Sin noticias

Lola Lago y asociados

Estos son los personajes principales de las historias de Lola Lago y asociados:

Lola Lago
Es la jefa, desde hace 30 años, de una agencia de detectives en Madrid. Lola ya tiene sesenta años, y continúa siendo una mujer fuerte, valiente y seductora. Tiene una gran intuición y mucha experiencia. Y le encanta la informática.

Sara
Es la hija de Lola. Quiere ser actriz. Como no tiene mucho éxito, de vez en cuando trabaja en la agencia. Y a veces le gusta...

Paco
Es uno de los socios de Lola desde el principio. Un cincuentón, calvo, gordito e inteligente que tiene mucho éxito con las mujeres.

Miguel
Es el otro socio de la agencia. Alto, guapo y elegante, pero un poco tímido y callado.

Personajes principales

Margarita
Es la secretaria de toda la vida. Aunque es un poco ingenua y despistada, Margarita es una persona importante en la familia Lola Lago y asociados.

Gustavo
Es un venezolano que vive en Madrid y trabaja de informático en la agencia, pero tiene vocación de *hacker*. Los ordenadores y la red no tienen secretos para él.

Carlos, Cristina y Raquel
La agencia ha crecido y ha contratado a tres jóvenes. Cada uno, con su carácter y con su talento, colabora en la resolución de los casos.

En *Sin noticias* vas a conocer, además, a estos otros personajes:

Marlene Klein
Es una chica alemana desaparecida en Madrid.

Daniela Klein
Es la madre de Marlene. Desesperada, acude a Lola Lago y asociados.

Sebastian Klein
Es el hermano de marlene. Es un chico un poco raro y muy cerrado.

Andreas Klein
Es el padre de Marlene y Sebastian. Es un hombre rico, duro y distante.

Rafa Gimeno
Es un policía, viejo amigo de Lola.

Alejandro Gurruchaga
Es el novio (¿o exnovio?) de Marlene. Trabaja en Alemania.

Teodoro Gálvez
Es el taxista que ha visto a marlene por última vez.

Carmen Montes
Es una bailarina famosa con una vida secreta.

Sin noticias

1
Un nuevo caso:
Netflix puede esperar

Lola mira el reloj. Las ocho. "En media hora termino y me voy a casa. Al fin".

Ha sido un día largo y complicado. Lola está cansada y quiere volver pronto a su sofá. Está enganchada a* una serie de Netflix. Una serie de detectives.

Desde la mesa de su despacho, Lola mira a su equipo. "No son tan guapos, ni tan valientes*, ni tan ricos como en la serie. Pero son *mi* gente", piensa Lola, orgullosa.

Ya no están en el viejo despacho de la calle de Alcalá[1]. La agencia ha crecido. Ahora están en otro edificio de la misma calle, enfrente del Retiro. Desde las ventanas se ve la Puerta de Alcalá.

Siguen los socios de siempre, pero ahora tienen ayudantes, informáticos y becarios. Y no tienen problemas para llegar a fin de mes. O, al menos, no siempre.

Todos los días antes de irse, Lola lee los periódicos en el ordenador. Le gusta enterarse de* las últimas noticias del día. Siempre puede haber algo útil para sus casos. Hoy le sorprende un titular:

---

1. La calle de Alcalá es una de las más importantes de Madrid. En ella está la Puerta de Alcalá, uno de los símbolos de la ciudad. A su lado está el parque más grande de Madrid, el Retiro.

* Los asteriscos indican qué palabras o expresiones están traducidas en el glosario al final del libro.

DESTACADOS

Fachada del Museo del Prado, Madrid

Seis días sin noticias de la adolescente alemana desaparecida en el Museo del Prado[2]

En ese momento, suena el teléfono de su despacho. Es Margarita, la secretaria de toda la vida*.

—Lola, tienes una llamada.

—¿De quién?

—No lo sé...

—¿Pero se lo has preguntado, Margarita?

Margarita no es una secretaria muy competente.

—Sí, sí, Lola. Esta vez sí. Pero no me lo ha dicho. Dice que es urgente. Muy urgente.

—Está bien. Pásame la llamada.

Un momento después, Lola Lago oye una voz angustiada* al teléfono:

---

2. Uno de los museos más importantes del mundo. Hay obras de Velázquez, Goya y otros pintores españoles y extranjeros importantes.

—¿Lola Lago?

—Sí, soy yo.

—Soy Daniela Klein. Tengo que hablar urgentemente con usted. Me han dicho que usted y su equipo son los mejores detectives de Madrid. Los necesito. El dinero no es problema.

Lola sabe cuándo alguien está realmente preocupado.

—La espero mañana por la mañana a primera hora, señora Klein. ¿Le va bien a las nueve?

—No, no me ha entendido. Necesito hablar con usted ahora mismo. Se trata de mi hija. Ha desaparecido.

Lola le dice adiós a su serie de Netflix.

—Entonces, la esperamos aquí. ¿Tiene la dirección?

—Sí, sí, calle de Alcalá, 61. Estaré allí en unos quince minutos.

Lola sabe que el tiempo es oro en una desaparición. Por eso llama a sus socios y a su hija Sara, que últimamente trabaja en la agencia.

—Tenemos un nuevo caso. Una chica desaparecida. La madre llega en unos minutos. Quedaos en la oficina. Quizá tenemos que empezar hoy mismo.

—Pero, mamá, yo tengo una cena dentro de una hora.

—La cena va a tener que esperar, Sara. Esto es una urgencia.

—Brrrr.

Sara se va enfadada a su mesa. Ella quiere ser actriz y no detective. Una actriz famosa. Pero no encuentra trabajo. A veces tiene pequeños papeles* en teatros de barrio. Muy pequeños, los teatros y los papeles. Trabajar en la oficina de su madre no le gusta. Pero es un trabajo. A veces, siente que ser detective es un poco como ser actor o actriz. Solo a veces.

—Paco, tú estás con el tema del fraude por accidentes de trabajo, ¿verdad? —le pregunta Lola a su socio.

—Sí. Y, la verdad, no tengo tiempo para nada más.

"Para salir por las noches con alguna mujer sensacional seguro que tiene tiempo", piensa Lola. Paco es un cincuentón* gordito y calvo con un sorprendente éxito con las mujeres.

—¿Y tú, Miguel? ¿Cómo vas?

—Con el caso Galindo. Yo creo que mañana está terminado.

—OK. Igual te necesito.

Miguel es tímido y bastante callado. Se acaba de divorciar y vive con sus dos hijos. No está pasando un buen momento. "Miguel necesita distraerse*. Un viaje, amigos nuevos, una novia, algo...", piensa Lola cuando Miguel se va de su despacho.

Unos minutos después entra una mujer de unos cincuenta años alta, delgada, rubia, elegante, sin maquillar*. Ha llorado. Es evidente. Va con un chico joven, de unos 17 años, sin ganas de estar ahí.

—Soy Daniela Klein y este es mi hijo Sebastian —dice con perfecto acento español.

Se sientan en el despacho mientras Margarita cierra la puerta.

Lola piensa que no tiene kleenex³ a mano y la señora Klein los va a necesitar.

---

3. En español se usan algunos nombres de marcas para nombrar el objeto que representan: *kleenex* en lugar de pañuelos de papel o *minipímer* en lugar de batidora de mano, por ejemplo.

Sin noticias

2
Sin noticias de Marlene

—¿Ha leído los periódicos? El caso de la desaparición de mi hija hoy está en todos.

—¿Marlene es su hija? Lo acabo de ver. Pero no he tenido tiempo de leerlo.

—Mire, aquí tiene la denuncia y los carteles que hemos puesto:

DESAPARECIDA

MARLENE KLEIN

**Desaparecida en Madrid el martes
16 de mayo en el Museo del Prado.**

**Edad: 17 años
1,70 m de estatura
54 kilos de peso**

Pelo castaño claro. Ojos azules. *Piercing* en la nariz y un tatuaje en el brazo derecho con la paloma de la paz de Picasso[4]. En el momento de su desaparición llevaba pantalones vaqueros azul claro, camiseta verde de tirantes, sandalias blancas y una mochila de color lila.

Si alguien la ha visto, por favor, que llame al:

+49 168 546 9764

---

4. El pintor español Pablo Picasso, una de las figuras clave de la pintura del siglo XX, pintó una paloma que ilustró en 1949 el Congreso Mundial por la Paz.

Lola mira la foto de Marlene. Piensa en Sara. Piensa en el dolor de esa madre que ha perdido una hija. "Calma, Lola, eres una profesional. Tú no puedes necesitar kleenex", se dice.

—Veo que han hecho todo lo correcto: han ido a la policía, han puesto una denuncia...

—Sí, unas horas después de la desaparición.

—Los medios de comunicación están informados —sigue Lola— y han puesto carteles por las calles...

—Sí, sí, en todas partes y también mensajes en las redes. Además, he contactado con gente famosa: artistas, periodistas, cantantes... Muchos han retuiteado la información.

—¿Y qué espera de nosotros, señora Klein? La policía se está ocupando del caso...

—Verá, no confío en la policía. No nos informan, no contestan a nuestras llamadas... Y han pasado ya seis días, seis. Necesito que ustedes se ocupen del caso. Estoy... —Daniela mira a su hijo—. Estamos desesperados.

Lola piensa: "Demasiados días. Las primeras 72 horas son las más importantes".

—Haremos todo lo posible para encontrar a Marlene, señora Klein. Se lo prometo.

Lola se fija en Sebastian. Es un joven raro. Juega todo el rato con un cubo de Rubik sin mirarlo. Solo mira al suelo y parece estar en otro mundo.

—Vamos a hablar usted y yo sobre algunos detalles que necesito. Deme un segundo.

Lola se va a buscar a Sara.

—Sara, ¿por qué no hablas con el hijo de la señora Klein? Parece muy cerrado. A ver si consigues* algo.

Sara vuelve con ella al despacho de Lola.

—Sebastian, ¿te tomas algo conmigo? Tenemos refrescos y cosas para picar*. Ven —le propone Sara.

Sebastian la sigue. Sin ganas.

Lola le hace muchas preguntas a Daniela Klein y va apuntando en su libreta. Siempre toma notas en libretas y con bolígrafo azul. Una manía.

- Vacaciones en España, los 3: la madre y sus hijos.
- Ella es de origen español (padres españoles). Todos hablan español.
- Diez días en Madrid Hotel Palace.
- Hacer turismo y ver muchos museos.
- Marlene pasión por la pintura y el arte en general.
- Estudia dibujo y pintura en Múnich, donde viven.
- Día de la desaparición: visita Museo del Prado.

- Después de ver Las Meninas[5], Marlene desaparece.
- La esperan en la puerta del museo mucho rato. La buscan por el museo.
- Sin noticias desde entonces.
- No contesta al teléfono ni a los wasaps.
- Vuelven al hotel.
- Encuentran allí el móvil de Marlene y el pasaporte.
- (No) tiene tarjeta de crédito. Dinero en efectivo, sí. No sabe la cantidad.

5. Uno de los cuadros más famosos de Velázquez (siglo XVII).

—¿Ninguna nota en el hotel?

—Ninguna nota. Nada.

—¿Algo raro en los últimos meses o en los últimos días?

—No, la verdad. Todo normal. Ella es... —la señora Klein busca la palabra— especial. Artista, ya sabe.

Lola sabe perfectamente qué significa eso.

En ese momento entran Sara, muy seria, y Sebastian.

"Nada —piensa Lola—. Sara no ha conseguido nada".

Sebastian se sienta de nuevo junto a su madre. Sigue interesado en el suelo* mientras hace una y otra vez su cubo de Rubik.

—¿Han tenido problemas familiares últimamente? —pregunta Lola.

—Los normales —contesta la madre rápidamente, demasiado rápidamente.

Sebastian se pone tenso. Se mueve en su silla, mueve el cubo de Rubik compulsivamente y no mira a nadie, solo al suelo.

Lola escribe:

Investigar tema familiar.

Informaciones sobre el padre.

Conseguir hablar con Sebastian
→ ¿sabe algo?

—¿Su marido está aquí?

—No. Viene pasado mañana. Estaba en San Francisco, en un viaje de negocios muy importante.

"Mmm. No ha venido inmediatamente —piensa Lola—. Raro, muy raro".

—¿Usted cree que su hija se ha ido voluntariamente, señora Klein?

—¿Voluntariamente? —Daniela empieza a llorar—. Imposible. Somos una familia feliz. Marlene tiene todo lo que quiere. Todo. No, no, voluntariamente no. Imposible.

Por un segundo Sebastian mira a Lola. Lola se da cuenta. Instinto. Mucho instinto. Pero sabe que no va a conseguir nada. "Al menos no ahora". Y decide que, por hoy, ya es suficiente.

—Antes de terminar, ¿pueden darme los datos de Marlene en las redes: Facebook, Instagram, Twitter...? Supongo que la policía tiene su móvil, ¿verdad?

—Sí.

—A ver cómo conseguimos la tarjeta SIM... —dice Lola, preocupada.

Por primera vez Lola oye la voz de Sebastian. Habla muy bajito, con bastante acento alemán. No mira a nadie.

—Antes de darle el móvil de Marlene a la policía, hice una copia.

"Genial", piensa Lola.

—Pues eso va a sernos muy útil, Sebastian. Mucho. ¿La tienes aquí?

3
Los *hackers* nunca duermen

Cuando los Klein se van, Lola organiza una reunión.

—Es un caso difícil. No hay muchas pistas y la policía lleva muchos días trabajando... Mala señal*.

—¿Puede ser un secuestro*? —pregunta Miguel.

—Puede. Es una adolescente guapa. Es una familia con pasta*, pero...

—¿Pero?

—Creo que es una desaparición voluntaria. Eso de dejar el móvil...

—Parece que no quiere ser localizada. Por nadie.

—Eso parece. Es una intuición. Pero no sé... Vamos a investigar todas las hipótesis. Miguel, ¿puedes hablar mañana con ese amigo tuyo policía para saber quién lleva el caso? Consigue la máxima información posible, porfa*.

—OK.

—Necesitamos a Gustavo para investigar el móvil y las redes. ¿Se ha ido ya?

—Sí.

—¿Lo llamáis y le explicáis el caso? Lo quiero aquí mañana sin falta* a primera hora[6].

---

6. Esta expresión significa cerca de la hora a la que empieza una actividad.

Gustavo es el informático de la agencia, estudiante de Telecomunicaciones, nacido en Venezuela, pero hace años que vive en Madrid y tiene más vocación de *hacker* que de ingeniero.

—Y tú, Sara —sigue Lola—, te ocupas de Sebastian.

—Pero, mamá, si es imposible hablar con él...

—Tú puedes, Sara. Seguro que puedes. Haz teatro.

—Muy graciosa.

—Y todos a trabajar en este tema. Necesitamos ver todos los vídeos de las cámaras de seguridad del museo y alrededores. Esto es muy urgente. No hay tiempo que perder*. Mañana a media mañana⁷, reunión, ¿de acuerdo?

Lola llega a su casa a las once y media de la noche. No tiene hambre, pero necesita urgentemente una copa. Este caso la está afectando. Decide relajarse. "Netflix será la solución", piensa. Pero no consigue concentrarse. Los detectives de la serie no le interesan nada hoy.

Y, entonces, recuerda que tiene la copia de la tarjeta SIM en un *pendrive*.

Conecta el ordenador y empieza a estudiar la SIM del móvil de Marlene y a mirar sus cuentas. Hay mensajes de amigos en WhatsApp y comentarios en Facebook y en Instagram sin contestar desde el día de su desaparición.

---

7. Como en España la hora de la comida suele ser entre las 14 y las 15 h, "a media mañana" es en torno a las 11 h 30 o 12 h.

Lola hace capturas de pantalla* de las últimas llamadas de Marlene. "Mañana tenemos que investigar todo esto", piensa Lola.

También estudia la geolocalización de los últimos días, mira fotos y vídeos. No hay nada extraño.

Pero Lola es una adicta a la informática y sigue navegando en la red oculta[8]. "Todo sigue pareciendo normal, muy normal. Extrañamente normal", piensa.

Un rato después descubre muchos archivos borrados. "Uf. Demasiados archivos. Se los dejo a Gustavo", piensa.

Cuando Lola va a apagar el ordenador, ve, entre los archivos eliminados, una conversación de WhatsApp borrada justo una hora antes de ir al Museo del Prado, el mismo día de la desaparición de Marlene. "Mmm. Esto es lo que más se parece a una pista* ahora mismo". En el contacto de WhatsApp pone "Other". "¿Es un chico? ¿Una chica? ¿Un grupo? Ya tenemos algo para empezar".

A las cuatro menos cuarto de la mañana le manda un mensaje a Gustavo desde la intranet que comparten:

"Gus[9], aquí la SIM de la chica desaparecida. Atención a los archivos borrados. De WhatsApp sobre todo. Mañana a primera hora quiero algo".

---

8. La web oculta o *deep web*: web distinta a la habitual y donde no se puede seguir el rastro de lo que se escribe o se hace en ella.
9. Un modo afectivo de llamar a Gustavo.

Enseguida Gustavo le contesta:

"Chévere[10], *superhacker*, me pongo ahora mismo".

"Tengo sesenta años y me llama *superhacker*. No está mal. Sigo en el *top ten*", piensa.

Lola se duerme cuando se ven las primeras luces en el cielo de Madrid.

---

10. Expresión utilizada en algunos países hispanoamericanos. Significa 'genial', 'estupendo'.

4
Informática, mentiras y cámaras de vídeo

Por la mañana en la agencia hay un ritmo frenético*. Todo el mundo está en plena acción*. Lola no para de analizar la situación y de dar instrucciones mientras mira a Gustavo trabajando con cascos* frente a su ordenador.

—¿Nada todavía?

—Dame un poco más de tiempo, Lola. Esto está hecho por un profesional.

Lola llama a la madre de Marlene:

—¿Su hija sabe mucho de informática, señora Klein?

—Normal, como toda la gente de su edad. En cambio, Sebastian es buenísimo. Le encanta.

Lola toma nota mental: "Interesante".

Miguel entra en el despacho de Lola.

—He hablado con mi amigo policía. ¿Y sabes quién lleva la desaparición de Marlene?

—Tiemblo*...

—Rafa Gimeno.

—Uf. Gran noticia. Es el mejor.

—Sí, pero no nos va a contar nada. No le gusta comentar los casos con detectives privados.

—Déjame a mí. —Sonríe Lola mientras hace una llamada con su móvil.

La reunión empieza a las doce en punto.

—¿Qué tenemos?

—Raquel está en el Museo del Prado viendo las grabaciones de las cámaras de seguridad. Nos va a llamar dentro de un rato —dice Sara.

Raquel estudia Criminología en la Universidad Complutense[11]. Lleva ya unos meses en la agencia haciendo prácticas. Todos piensan que es muy lista y eficaz.

Lola sigue dando instrucciones:

—Hay que mirar también las cámaras del hotel.

—Sí, sí. Carlos está allí —dice Miguel—. Luego nos llama. Y Cristina está analizando las llamadas de Marlene de los últimos días, números que se repiten mucho y cosas así.

Carlos y Cristina trabajan en la agencia desde hace unos años. Carlos tiene cara de buena persona*. Los testigos de los casos siempre le cuentan cosas. Cristina es muy buena vigilando gente.

Se abre la puerta del despacho de Lola y entra Gustavo.

—A ver... Aún no he podido abrir los archivos de ese maldito* "Other". Lo han borrado muy bien. Pero he encontrado un chat con un novio o, mejor, un exnovio de Marlene. Acaban de separarse. Justo unos días antes de la desaparición.

—Eso es importante. Puede significar algo —dice Lola—. ¿Qué has encontrado?

---

11. La universidad más antigua y famosa de Madrid.

—Lo típico: mucho amor al principio, pero, al final, "ya no me quieres", "no quiero verte más", "necesito tiempo", "lo dejamos"...

—¿Sabes alemán, Gustavo? —le pregunta Miguel.

—Bueno, un poquito... Pero es que el novio es español.

—¿Cómo se llama? —pregunta Lola.

—Hace unos meses se llamaba "cariño", "mi amor" y "cielo".

—Menos bromas*...

—Se llama Alejandro. Por lo visto, está trabajando en Alemania, en una empresa de diseño en 3D. Pero creo que es el chico de los recados*.

—Dame el número y lo llamo ahora mismo —dice Miguel.

—Espera, espera... Hay una cosa que Alejandro le dice a Marlene muchas veces en los últimos meses. Le dice constantemente que está obsesionada.

—¿Obsesionada con qué?

—No lo sé. Solo dice "estás obsesionada", "sigues obsesionada", "tu obsesión", pero nunca dice con qué o con quién.

—Miguel, intenta hablar de eso con Alejandro. Y si tienes que ir a Múnich, vas.

"Ese viaje lo puede animar", piensa Lola.

Entra Margarita.

—Lola, Raquel está al teléfono, ¿os paso la llamada?

—Claro. —Lola conecta el altavoz.

—Lola, he conseguido un permiso en el museo para ver todos los vídeos de seguridad del día de la desaparición de Marlene. No hay nada. Excepto...

—¿Excepto?

—Una imagen un poco rara... A la una treinta y cuatro...

—Media hora después de la desaparición... —dice Sara.

—Exacto. Pues a la una treinta y cuatro sale una pareja del museo. Él es un hombre alto y fuerte, con una gabardina*. De la chica solo se ven los pantalones vaqueros y las sandalias blancas... Entran en un taxi. La chica no quiere entrar, pero al final entra.

—¿Tienes la matrícula del taxi?

—La imagen no es totalmente clara, pero creo que podemos encontrarla.

—Pues busca inmediatamente ese taxi y al taxista. Gracias, Raquel.

—Os mando el vídeo al móvil.

Cuando miran las imágenes, Margarita dice:

—Yo solo veo una pareja. Una pareja abrazada. Una pareja que se quiere. —Margarita es una romántica, una romántica sin pareja.

—¿Seguro? Pues yo veo algo raro —dice Sara—. ¿Quién va con una gabardina a 30 grados?

—A ver —resume Lola—: tenemos un exnovio por un lado. Por otro, un hombre con gabardina que coge un taxi con una chica con vaqueros...

—La mitad de la humanidad lleva vaqueros...

—Sí, sí. No es mucho. Pero algo es algo.

—Tenemos también otra cosa —dice Gustavo—. Los archivos borrados son muy difíciles de recuperar. Creo que los ha borrado un profesional.

—Y sabemos que Sebastian, el hermano de Marlene, es un *crack* de la informática... —dice Lola—. No, no es mucho. Pero por algo tenemos que empezar. Miguel, te ocupas del exnovio, ¿vale? Tú, Gus, sigue investigando archivos. Y tú, Sara, lo siento, pero...

—Pero tengo que hablar con ese bicho raro* de Sebastian, ¿no?

—Exacto.

—Brrr.

—Y yo voy a comer con Rafa Gimeno, el policía que lleva el caso. Un gran tipo. A ver qué me cuenta.

"Un gran tipo y un estupendo exnovio", piensa Lola.

Antes de ir a comer, Lola pasa rápidamente por su casa. Se pone un vestido sexy, zapatos de tacón y maquillaje*. "He dormido poco y tengo una edad*. Necesito maquillaje, mucho maquillaje".

Cuando llega al restaurante, ve a Rafa Gimeno esperándola. "Aún es guapo. Guapo y elegante —piensa—. No parece policía, sino un actor de Hollywood que hace de policía".

—Perdona, Rafa, llego un poco tarde —dice Lola sentándose en la mesa—. Ya sabes, trabajo, trabajo y más trabajo.

—Pues estás estupenda, Lola.

"El maquillaje —piensa Lola—. Y esas cremas carísimas que me compro".

La comida es muy agradable y Lola solo empieza a hablar del caso cuando llega el café.

—Rafa, tú llevas la desaparición de Marlene Klein, ¿verdad?

—Un caso complicado. Y preocupante. Sí, lo llevo yo. ¿Por?

—Yo también.

—¿Entonces esto no es una comida de amigos?

"Glups", piensa Lola. Pero dice:

—Claaaro que sí.

—Disimulas* mal para ser detective, Lola.

—Ja, ja, ja. Mira, sé que no te gusta hablar de tus casos...

—No, no me gusta nada.

—Pero solo tienes que contestar a una pregunta de una amiga. ¿Te parece?

—Solo a una, ¿vale? Y porque eres tú.

—¿Pensáis que es una desaparición voluntaria?

—Pensamos más en un secuestro, la verdad. La familia es muy rica y ella es muy activa en las redes sociales... Un objetivo para muchos delincuentes. Pero puede ser secuestro, desaparición voluntaria o mala suerte...

—¿Mala suerte?

—Eso son dos preguntas...

—Je, je.

—Ya sabes, estar en el lugar equivocado en el momento equivocado.

—Ya.

—¿Qué te dice tu instinto de detective experta?

—Intuyo que es una desaparición voluntaria. Y estamos investigando en esa dirección. ¿Me puedes mantener informada, Rafa?

—Eso son ya tres preguntas...

—Yo te lo voy a contar todo. Todo.

—Qué sorpresa. Nunca ha pasado antes.

—Te lo prometo.

Se miran a los ojos. Algo de la antigua pasión se despierta.

—Está bien. Si veo que tu equipo puede ayudarnos, te llamo.

—Genial.

—Es tarde. Tengo que ir a comisaría.

—Y yo a la agencia.

—Seguimos en contacto.

Se despiden con un beso. La antigua pasión no ha muerto.

5
El misterioso hombre de la gabardina

—Dios mío, hablar con Sebastian es dificilísimo —dice Sara cuando vuelve a la agencia por la tarde.

—¿Has estado con él?

—Sí, he ido a verlo al hotel y lo he llevado a comer un bocata de calamares a la Plaza Mayor...[12] Y nada. Le hago preguntas tontas* y él solo dice sí o no. O se calla. Yo no sé qué hacer. Ese tío* tiene un problema.

—O un secreto —le dice Lola.

—O las dos cosas. Tengo que pensar algo para motivarlo...

—A ver si deja de mirar el suelo...

—Je, je. Tengo una idea, mamá. Luego te cuento. —Sara se va corriendo a su mesa y conecta el ordenador.

Cristina y Carlos van a ver a Lola a su despacho. No han encontrado nada en las cámaras del hotel. Y el análisis de las llamadas de Marlene parece muy normal.

Miguel también entra en el despacho de Lola.

—Malas noticias. Alejandro, el exnovio de Marlene, no contesta a su móvil y su última conexión de WhatsApp fue el mismo día de la desaparición de Marlene.

---

12. El bocadillo de calamares es típico madrileño, una especialidad de algunos bares de la Plaza Mayor, una de las plazas más conocidas y turísticas del centro de Madrid.

—Ups. Esto se complica.

—Gustavo, ¿en el chat de Marlene con su novio hay algún dato de su trabajo? ¿Alguna dirección? ¿El nombre de la empresa? —le pregunta Miguel.

—Lo miro y te lo digo.

Lola está preocupada. Es un momento difícil. Mucha dispersión y pocas pruebas. "Así son siempre las desapariciones. Desesperantes. Y el tiempo corre*".

Un rato después, Raquel entra corriendo en la oficina y va directamente al despacho de Lola.

"Vaya* —piensa Margarita—, estos jóvenes ya no dicen ni buenas tardes".

—Lola, tengo la matrícula y el teléfono del taxista.

—Pues lo llamamos ahora mismo.

—Ya lo he hecho. Viene para aquí.

Unos minutos después, un señor moreno, alto, bien vestido y con bigote entra en la agencia. Margarita lo mira y lo encuentra atractivo, muy atractivo. Margarita, desde que se ha separado, encuentra atractivos a muchos hombres.

—¿Puedo ayudarle?

—Sí. Tengo una cita con Raquel.

—Pase por aquí. Está en el despacho de la jefa.

Cuando entra se presenta:

—Hola, buenas tardes. Soy Teodoro Gálvez...

"Mmm, Teodoro. Me gusta ese nombre", piensa Margarita mientras cierra la puerta.

—... y soy taxista. Raquel me ha llamado.

—Sí, buenas tardes, señor Gálvez —le dice Lola—. Siéntese, por favor. Soy Lola Lago, detective, y esta es Raquel, una colaboradora de nuestra agencia.

—Encantado.

Lola le cuenta la situación y le enseña el vídeo del hombre de la gabardina. Teodoro lo recuerda.

—Es que una gabardina con este calor es algo tan extraño.

—Cierto.

—Y, además, a mí me gusta la gente. Fijarme en mis clientes, pensar en sus vidas y esas cosas.

—¿Me puede describir a esas dos personas?

—Bueno, jóvenes normales. Él es alto, fuerte, como se ve en las imágenes.

—Pero no se le ve la cara...

—Pues es moreno de piel, pelo corto, ojos negros... Sin nada especial. Solo lo de la gabardina. Ah, bueno, sí. Lleva un gran tatuaje del Barça en la mano derecha. Se lo vi cuando me pagaba. ¡Del Barça! Yo, que soy del Madrid[13] de toda la vida.

—¿Y ella?

—Rubita pero no mucho, alta, delgada... Llevaba una cosa de esas en la nariz...

—Un *piercing*.

—Sí, eso. Y también llevaba un tatuaje de un pájaro o algo así en un brazo. Y una mochila de color rosa o morado, me parece.

"Marlene. Es Marlene", piensa Lola.

---

13. El Barça (de Barcelona) y el Real Madrid son los equipos de fútbol más importantes de la liga española. Son eternos rivales.

Lola le sigue haciendo preguntas al taxista. Raquel toma notas:

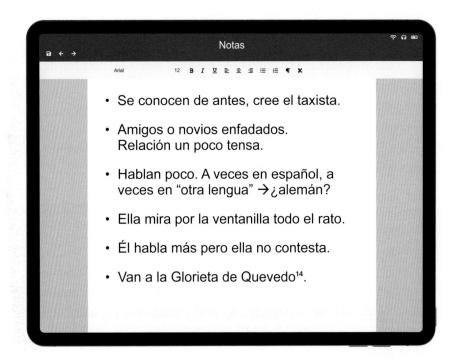

—¿Ha pasado algo? —pregunta al final Teodoro.

—Ella ha desaparecido. No sabemos si la han secuestrado...

—Ese chico no es un secuestrador. Son amigos o algo así. Enfadados, pero amigos. Estoy seguro. Segurísimo.

---

14. La Glorieta de Quevedo es una plaza muy conocida de Madrid en el barrio de Chamberí. Francisco de Quevedo es un conocido escritor del siglo XVII.

—Pues muchísimas gracias, señor Gálvez. Nos ha ayudado mucho.

—De nada. Me gusta ayudar.

Cuando se va, Margarita le dice:

—¿Usted es taxista? ¿Me puede dar su móvil para llamarlo si lo necesito?

—Por supuesto, aquí tiene mi tarjeta.

Margarita piensa que va a necesitar mucho ese taxi a partir de ahora.

Y Lola piensa que Teodoro Gálvez es un buen observador y que puede serles útil algún día para algún caso.

—Jefa, —dice Gustavo— ya sé dónde trabaja ese chamo[15].

—¿Quién?

—Alejandro, el novio de Marlene. Pero he llamado a la empresa y hace días que no va.

—Busca fotos de Alejandro en la tarjeta SIM de Marlene. No solo de la cara. Fotos de todo el cuerpo. Mira si lleva un tatuaje del Barça en una mano... Es muy importante, Gus.

Cuando, un rato después, Gustavo les enseña a Lola y a Miguel las fotos no hay ninguna duda: el hombre de la gabardina es Alejandro.

---

15. Venezolanismo. Significa 'chico' o 'tío'.

6
La familia
y uno más

—Miguel, dentro de un rato, van a venir los padres de Marlene. Quédate conmigo, por favor. Tenemos que intentar descubrir cosas de esa familia. Intuyo algo raro. Pero aún no sé qué.

A las once de la mañana llega a la agencia el matrimonio Klein.

—Soy Andreas Klein. Encantado de conocerla, Lola.

Andreas tiene un acento alemán muy fuerte, pero su español es bueno. Parece tranquilo y muy seguro de sí mismo. Daniela, en cambio, parece diez años mayor que hace dos días.

—Me alegro de conocerlo, señor Klein. Este es Miguel Muñoz, uno de mis socios. Estamos trabajando contrarreloj* para intentar localizar a Marlene.

—¿Tienen alguna noticia? —pregunta, angustiada, la madre.

—Todavía no. Tenemos algunas hipótesis, pero nada seguro aún. ¿La policía los ha llamado o algo?

—Llaman para tranquilizarnos, pero no nos dan información.

—Nosotros tenemos alguna información y algunas preguntas —dice Miguel.

—Adelante.

Lola les enseña la foto de Alejandro.

—¿Lo conocen?

—Sí, desgraciadamente sí. Es el novio de mi hija —dice Andreas Klein.

—¿Desgraciadamente? —pregunta Miguel.

Andreas Klein parece enfadado.

—Sí. No es el novio ideal. No ha terminado los estudios, tiene un trabajo ridículo, vive en un piso compartido en un barrio marginal... Marlene merece algo más.

"Típico padre conservador", piensa Lola.

—Tranquilízate, Andreas. Ya no es su novio. Lo han dejado —le explica su mujer.

—¿Ya no son novios? —pregunta el marido—. ¿Y yo sin enterarme?

—Es difícil explicarte cosas íntimas si estás a miles de kilómetros de distancia...

"Mmm, este matrimonio tiene más problemas que 'los normales', me parece".

—¿Por qué preguntan tanto por él? ¿Le ha hecho algo malo a nuestra hija? —interviene la madre.

—¿Cree usted que eso es posible? —le pregunta Miguel—. ¿Es agresivo? ¿Machista?

—No, no. Es encantador. Por eso me extrañan* sus preguntas...

—¿Encantador? —dice el padre—. Es un desgraciado* que quiere estar con Marlene por el dinero de la familia...

"Típico rico autoritario obsesionado con su estatus", piensa Lola.

—¿Conocen ustedes a la familia de Alejandro?

—Pues no. Sus padres viven aquí, en Madrid. Pero no los conocemos.

—¿Tienen su dirección?

—Sabemos que viven por Quevedo.

"Ajá*", piensa Lola.

—¿Cómo se apellidan? En el WhatsApp no sale el apellido de Alejandro...

—No lo recuerdo —dice la madre—. Creo que es un apellido vasco o navarro...

—Gurruchaga. Alejandro Gurruchaga —dice el padre.

"Apuesto* a que este hombre ha investigado a ese chico", piensa Lola. Mira a Miguel y sabe que él piensa lo mismo.

—Bien. Vamos a intentar localizarlo.

—¿Por qué les parece tan importante ese inútil? —pregunta el señor Klein.

—Es que no ha ido a su trabajo desde el día antes de la desaparición de Marlene. Creemos que pueden estar juntos.

—¿Juntos? —exclama la madre—. ¿Juntos dónde?

Lola prefiere no explicarles, de momento, todo lo que saben.

—No estamos seguros, señora Klein. Pronto tendremos más pistas.

—Si están juntos es porque ese inútil, ese imbécil, le ha lavado el cerebro* a Marlene. Estoy seguro.

—Veamos la parte positiva, señores Klein—. Si están juntos, significa que su hija no ha sido secuestrada.

"Espero", piensa Lola.

—La policía cree...

—Sé lo que cree la policía, señor Klein. Pronto vamos a tener informaciones fiables*. Confíen en nosotros.

Daniela Klein abre su bolso y busca un kleenex.

A Lola le dan ganas de abrazarla y de echar* del despacho a su marido. Piensa que tiene que llamar a Daniela para tener una larga conversación de mujer a mujer.

7
Un poco de tranquilidad. Solo un poco

Carlos ha conseguido localizar las direcciones exactas de todos los Gurruchaga que viven cerca de Quevedo. Son muy pocos. "Suerte que ese chico no se llama Martínez o López[16]", piensa Carlos. Llama al timbre de un piso. Es el segundo que visita. Una mujer de unos sesenta años le abre la puerta.

—¿Está el señor Gurruchaga?

—Lo siento, joven. No vamos a comprarle nada.

—Trabajo en una agencia de detectives y estoy buscando a Alejandro Gurruchaga, ¿lo conoce?

La señora abre un poco más la puerta.

—Sí, es mi hijo.

—Necesito hablar un minuto con usted, por favor. Esta es mi tarjeta.

La madre de Alejandro mira fijamente a Carlos y, como tiene cara de buen chico, lo deja pasar.

—¿Ha visto últimamente a su hijo?

—Sí, ha estado aquí. Se ha ido esta mañana.

—¿Ha vuelto a Múnich?

—No, no. Está de vacaciones. Pero no sé dónde se han ido.

—¿Han?

---

16. Martínez, López, Pérez..., todos los apellidos terminados en -ez son muy frecuentes en España. Los apellidos vascos son mucho menos frecuentes y se pueden reconocer fácilmente.

—Sí, ha venido con su novia, una chica alemana. Es la primera vez que la trae...

—¿Es esta? —Carlos le enseña la foto que está en todos los carteles.

—Sí, creo que sí. Pero ahora lleva el pelo muy corto y negro.

"Tomo nota", piensa Carlos.

—¿Se llama Marlene?

—Sí, Marlene. Bonito nombre.

—¿Los ha visto bien? ¿Normales?

—Bueno, ella es una chica muy callada. Parece triste. Muy guapa, eso sí. Y educada. Pero está muy delgadita y no come nada.

—¿Y su hijo está como siempre?

—Nervioso. Lo he visto nervioso. No sé si por la novia, el viaje...

—¿Y no sabe dónde han ido?

—No. Han dicho algo de un coche barato.... Tiene un nombre, pero no sé...

—¿Blablacar[17]?

—Eso. ¿Por qué me hace tantas preguntas? ¿Pasa algo con esa chica?

—Sí, su familia la está buscando desde hace muchos días. Quizá la ha visto en la tele o en carteles por la calle.

—¿Es esa chica desaparecida? No parece la misma...

"Pues yo estoy seguro de que es la misma", piensa Carlos.

—Una cosa, señora, si tiene alguna noticia de ellos, ¿me puede llamar?

—¿Blablacar? Eso es un problema —dice Lola—. No hay billetes, no hay pistas, no hay nada...

—Pero, al menos, sabemos que Marlene está con su novio. Eso es una buena noticia —comenta Carlos.

---

17. Es una aplicación para compartir coche.

Sin noticias

—¿Y si resulta que es un secuestro? —pregunta Lola, preocupada—. ¿Y si ella no quiere estar con él? Delgada, triste, sin hambre... Voy a llamar a Rafael Gimeno.

—Rafa, soy Lola. Tengo información. Creemos que Marlene está con su novio. Ya no están en Madrid.

—¿Cómo sabes eso?

—Por una imagen de una cámara, un taxista y la madre del novio de Marlene...

—¿Por qué nunca has trabajado en la policía, Lola? Te necesito en mi Unidad de Desaparecidos.

—Je, je. Gracias. Pero yo no estoy tranquila. ¿Y si él la ha secuestrado? Han discutido mucho por WhatsApp y lo dejaron justo unos días antes de desaparecer.

—¿Y tú cómo sabes lo del WhatsApp? La tarjeta SIM de Marlene la tenemos nosotros.

—Soy una buena detective, querido. Supongo que vosotros estáis controlando estaciones de tren, autobuses y aeropuertos, ¿no?

—Claro, desde el primer día.

—Pues ahora tenéis que buscar a dos personas. Te mando fotos de Alejandro, el novio.

—Supongo que esas fotos las tenemos nosotros también...

"No, seguro que no. Nosotros hemos ido más rápido", piensa Lola.

—Ah, y ahora Marlene es morena y lleva el pelo corto.

—¿Cómo lo sabes? —pregunta Rafa Gimeno.

—Tengo mis fuentes*.

—Eres tremenda*. Gracias por la información.

—Chao[18].

"Sí, tremenda, pero necesitamos urgentemente saber dónde han ido. Dónde y por qué".

Ya es de noche. Lola se ha quedado la última en la agencia. Hay un extraño silencio. Cuando va a cerrar la puerta ve el reflejo de las luces de la Puerta de Alcalá en las ventanas.

---

18. Manera informal de decir adiós.

8
No es oro todo lo que reluce

A las siete de la mañana suena el móvil de Lola. Lo mira. Es Sara. "¿Tan pronto? Qué raro".

—Hola, mamá, buenos días.

—¿Estás enferma?

—No, ¿por qué?

—Porque es muy pronto para ti...

—Hoy no voy a ir a la agencia.

—¿Cómo que no? Siempre igual. Es un trabajo, Sara. Tienes que ir. Como todos nosotros.

—Espera, espera. Para el rollo*. Voy a pasar el día con Sebastian.

—Uy, perdona, pensaba... Necesito un café.

—Dos cafés, mejor.

—Muy graciosa.

—Voy a llevar a Sebastian a un club de cubos de Rubik. Un sitio para frikis* como él.

—Ja, ja, ja, genial idea. ¿Pero crees que va a hablar rodeado de cubos de Rubik?

—Creo que sí.

—¿Y si no habla?

—Pues entonces ya veremos.

—Mantenme informada.

—Claro. Un beso. Chao.

—Hasta luego.

Ya en la agencia, Lola llama a Daniela Klein.

—Buenos días, señora Klein. Me gustaría tomarme un café con usted. A solas.

—¿Por qué no viene al hotel? Mi marido no está y la cafetería es muy tranquila.

—Perfecto. Están en el Palace[19], ¿verdad?

—Sí, exacto.

—Llego en diez minutos.

Lola sube a su Vespa y se siente feliz pasando por Alcalá y Cibeles[20] entre coches y coches atascados ; consigue legar justo a tiempo al hotel.

Daniela Klein está sentada junto a una ventana de la impresionante cafetería.

—Buenos días, señora Klein. ¿O nos tuteamos*?

—Nos tuteamos.

—Mejor así. Porque quería hablar de mujer a mujer. Con sinceridad, ¿te parece?

—Dime.

—Las cosas no van bien con tu marido, ¿verdad?

Daniela bebe un poco de café, le cae una lágrima y Lola le da un kleenex.

—No, la verdad. Nada bien. Vamos a separarnos. Bueno, mejor dicho, yo quiero separarme.

—¿Y él no?

—No. Es un hombre muy conservador. Además hay bastante dinero en juego* si nos separamos.

---

19. El Hotel Palace es un hotel de lujo, construido a principios del siglo XX.
20. Plaza muy conocida de Madrid, uno de los emblemas de la ciudad.

—Entiendo.

—Y no quiere perder a sus hijos. A Marlene sobre todo.

—¿Por qué?

—Porque es su preferida. En cambio, Sebastian no le gusta. Demasiado tímido, demasiado frágil para un triunfador como él.

"Pobre Sebastian con un padre así", piensa Lola.

—¿Tus hijos lo saben?

—No se lo hemos dicho, pero no son tontos. Mi marido está siempre fuera, viajando por trabajo. Cada vez viaja más y los viajes son más largos. Últimamente nunca está con nosotros. Y cuando llega a casa, está de mal humor o durmiendo todo el rato. No es vida.

—No, no es vida... Una pregunta delicada*...

—Dime.

—¿Hay alguien más? ¿Terceras personas?

—No. Nada de eso... —contesta Daniela Klein con mucha seguridad. Calla un momento y sigue diciendo—: Bueno, creo que no. No por mi parte, al menos.

En el club, Sebastian está entusiasmado* rodeado de cubos de Rubik y de gente jugando con ellos. Sara piensa que igual ha sido una mala idea porque Sebastian sigue sin hablar. Pero, por primera vez, lo ve sonreír un poco.

—¿Tomamos algo? —le propone Sara al mediodía.

—Vale.

—Y se van a un restaurante que está al lado. Mientras esperan el primer plato, Sara le dice:

—¿Me enseñas a jugar con eso? Nunca lo he conseguido.

—Sebastian empieza a darle instrucciones.

—El color fundamental es el del centro...

"¡Habla!", piensa Sara y aprovecha para, de vez en cuando, hacerle preguntas:

—Tu madre me ha dicho que sabes mucho de informática, ¿no? —le dice Sara mientras intenta girar el cubo y poner un cuadrado rojo al lado de otro rojo.

—Mucho, mucho, no, pero bastante.

—Pues igual puedes ayudarme. Quiero borrar algo de mi teléfono, pero borrarlo muy, muy bien. ¿Sabes hacerlo?

—Claro. ¿Qué quieres borrar?

—Este chat de WhatsApp.

Sebastian la mira fijamente a los ojos por primera vez.

—Como con el chat de tu hermana, ¿verdad? "Other", creo —le dice Sara.

—Sí —dice Sebastian muy bajito.

—¿Te lo pidió ella?

—Sí.

—¿Sabes por qué?

Sebastian se queda callado. Sara piensa que ha ido demasiado rápido y que ya no va a hablar. Se equivoca.

—No lo sé. Algo relacionado con papá.

—¿Con tu padre?

—Sí, pero no sé qué —dice Sebastian mirando al suelo.

"Sabe alguna cosa, alguna cosa que no me quiere decir".

—Uy, tengo que llamar a mi madre. ¿Pedimos postre? —le pregunta Sara.

—Vale. ¿Puedo pedir un helado de chocolate con mucha nata?

—Claro. Te lo has ganado.

Sara se aparta* un poco para hablar con Lola.

—Mamá, hay que seguir investigando lo de "Other".

—¿Por?

—Dice Sebastian que está relacionado con su padre.

—¿El qué?

—No me lo ha dicho. Yo creo que sabe algo... Pero dame tiempo.

—Gracias, Sara. ¿Ves como eres una buena detective?

—No, mamá, soy una buena actriz.

Y cuelga.

9
Avanzando, que es gerundio

Lola va a la mesa donde está Gustavo trabajando.

—¿Has conseguido abrir el maldito "Other"?

—No todo. Solo algunas cosas.

—Parece que puede estar relacionado con el padre de Marlene, con el señor Klein...

Gustavo sigue trabajando y media hora después entra en el despacho de Lola.

—¿Te acuerdas de eso que le decía Alejandro a Marlene? ¿Eso de "estás obsesionada", "qué obsesión"?

—Sí.

—Pues creo que es con una mujer.

—¿Con una mujer?

—Sí, "Other" es una mujer, pero aún no sé cómo se llama. Tengo que seguir investigando.

—De acuerdo.

—Pero también he visto —sigue Gustavo— que Marlene ha entrado muchas veces en una página de Facebook en los últimos meses. Muchas. Compulsivamente. Y, además... ¡tachán*!

—¿Qué?

—Marlene tiene un perfil falso solo para conectarse en esa página.

—Mmm. Aquí hay algo, Gus. ¿Qué página es?

—Carmen Montes. Mira...

Gustavo abre Facebook desde el ordenador de Lola.

—Es privada, pero voy a entrar con ese perfil falso de Marlene. Son amigas en Facebook.

—Chévere —dice Lola. Gustavo se ríe.

—¿Una amiga íntima? —pregunta Gustavo—. Las dos son artistas...

—¿Una amiga íntima con un perfil falso?

—Es raro, realmente.

—Pero sabemos una cosa importante... —dice Lola.

—Sí, que a lo mejor el Blablacar era para ir a Málaga.

—¡Bravo, Gustavo!

Lola llama a Cristina:

—Mira, todos los Blablacar Madrid-Málaga de ayer. Es urgente. Raquel te puede ayudar.

Paco entra en el despacho de Lola.

—Nena, he resuelto el tema del fraude de las compañías de seguros.

A Lola antes no le gustaba eso de "nena". Ahora le hace gracia. "Es mejor 'nena' que 'señora[21]'", piensa.

—Bravo, Paco.

—Te dejo aquí el informe. Tenemos todas las pruebas. Fotos, mensajes. Todo. Un gol.

—¡Bien! Felicidades, Paco.

—Gracias, gracias.

—O sea, que ahora nos puedes ayudar con el caso de la chica desaparecida, ¿no? Necesitamos a todo el mundo trabajando.

---

21. Literalmente, *nena* es una niña pequeña, pero, a veces, se usa afectivamente para dirigirse a una mujer adulta. Cuando a una mujer la llaman *señora* es una señal de que se ha hecho mayor.

Sin noticias

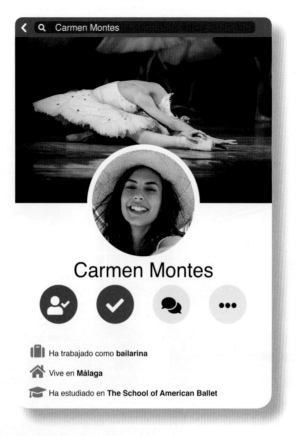

Carmen Montes

💼 Ha trabajado como **bailarina**

🏠 Vive en **Málaga**

🎓 Ha estudiado en **The School of American Ballet**

Paco mira el reloj.

—Es tarde y esta noche he quedado con...

—No importa, no importa...

Lola no quiere saber nada de la nueva *amiga* de Paco. Una más en su larga lista.

—Pues empieza mañana. Te has ganado una noche libre.

Raquel entra en el despacho. Le sonríe a Paco. Y Paco a ella.

"Oh, nooo. Otra", piensa Lola.

—Lola, tenemos lo del Blablacar. Están en Málaga. Confirmado.

—Bieeeen. ¿Y sabemos la dirección exacta?

—No. Eso no.

—Gracias, Raquel.

"La clave es Carmen Montes", piensa Lola.

Antes de irse a su casa, Lola llama a Daniela Klein:

—Daniela, no puedo confirmarte nada aún, pero estamos cerca. Muy cerca. Marlene está con Alejandro.

—¿Dónde?

—Te lo digo mañana. Necesito estar segura al cien por cien. Lo entiendes, ¿verdad?

—Dime algo, por favor. Dime algo pronto.

—Tú tranquila, ¿vale? Confía en mí.

—De acuerdo.

—Y una cosa importante...

—Dime.

—Ni una palabra a tu marido.

Lola cuelga y dice:

—Tenemos que saberlo todo sobre Carmen Montes. Todo: amigos, familia, chats, viajes... ¿Podrás hacerlo, Gustavo?

—Claro, jefa.

—Llámame esta noche si tienes algo. A cualquier hora. Me voy a casa. Estoy agotada.

Antes de dormirse, Lola piensa en Rafa Gimeno. "Mañana lo llamo".

Y sueña con él.

10
Volando, volando

Es sábado, pero todo el mundo está trabajando en la agencia, como en un día normal.

—Jefa, aquí tienes todo lo que sabemos de Carmen Montes.

—¿Pero has dormido, Gustavo?

—No mucho, je, je. Mira esto... Hasta hace poco estudia en la mejor escuela de USA y es una bailarina muy buena, parece. Tiene premios y esas cosas...

—Pero...

—Pero hace unos seis meses deja la escuela de repente. Y empieza a viajar mucho. Mira estas fotos.

—Nueva Deli, Tokio, Roma, Estocolmo, San Francisco... No está mal.

—Sobre todo porque no trabaja.

—¿Qué edad tiene?

—Veinticuatro.

—¿Y de dónde saca el dinero para esos viajes? ¿Su familia es rica?

—Bueno, parece que no. En Nueva York ella trabajaba de camarera para pagarse la escuela de baile...

—¿Entonces?

—O le ha tocado la lotería...[22]

—O alguien le paga los viajes. ¿Tiene novio?

---

22. La lotería es un juego muy importante en España. Tiene dos sorteos semanales y en Navidad el sorteo del Gordo, el más importante de todos.

—Ni idea. Siempre está sola en las fotos. Muchas selfis y tal.

—¿Sabemos dónde está ahora?

—En Málaga. Tiene un apartamento allí.

Lola mira a Gustavo con ansiedad.

—¿Dónde? Dime que sabemos dónde...

—La dirección exacta, no. Pero si miramos las fotos que ha hecho desde su casa...

—Genial. A ver...

Van pasando fotos y fotos en el ordenador.

—Mira, hay una torre al fondo. Y en esta foto también. Y en esta... Vamos a Google Street View.

Unos minutos después Gustavo dice:

—La tenemos. Mira, mira esta foto. Es la misma torre, ¿la ves? Es el Palacio de Buenavista, que está en... A ver... En la calle de San Agustín[23].

—Pues nos vamos allí —dice Lola.

—¡A Málaga! Bieeeen.

—No, Gustavo. Tú no. Lo siento. Te necesitamos aquí.

—Vaya.

—El próximo viaje vienes conmigo. Prometido. Has hecho muy buen trabajo.

—Gracias, jefa.

—Tú concéntrate en conseguir los mensajes de Messenger entre Marlene y Carmen, y sigue buscando en ese maldito "Other", ¿vale?

---

23. Calle muy conocida de Málaga, justo al lado del Museo Picasso. El Palacio de Buenavista es un edificio del siglo XVI, declarado Monumento Nacional.

Lola va al despacho de Miguel. Lo mira desde la puerta de cristal. Está triste, agotado.

—Miguel, nos vamos.

—¿A comer?

—No, a Málaga.

—¡¿A Málaga?!

—Sí, vamos a buscar a Marlene Klein y a Alejandro.

—Pero... Es que he quedado con mis hijos y...

—Olvídate de los hijos.

—Sí, pero...

—Son solo dos días...

—OK, OK.

—Genial. Nos vamos. Necesitamos encontrar a Marlene y tú, Miguel, necesitas un poco de aire. Aires del sur.

Lola abre la puerta.

—Margarita, plis, ven un momento.

Un rato después Margarita ha organizado el viaje. Ya tienen los billetes de avión y el hotel. Salen a las 8 de la tarde. Sara va con ellos.

Apretados en los asientos de un avión *low cost*, le explican a Sara por qué van a Málaga.

—¿Y cómo se llama ella?

—Montes. Carmen Montes.

—Un momento, un momento —dice Sara muy excitada—, esta tarde cuando he dejado a Sebastian en el hotel me ha dicho una cosa muy rara que no he entendido.

—¿Qué?

Sin noticias

—Me ha dicho "Montes. Busca Montes". Ahora lo entiendo.

—Sebastian sabe muchas cosas... Y creo que Marlene también. Quizá demasiadas.

11
Fin de la escapada

Lola, Sara y Miguel se levantan pronto y desayunan en el hotel. Mientras toman unas tostadas con manteca colorá[24], un zumo de naranja y muchos cafés, deciden cómo van a actuar.

La calle de San Agustín es corta y peatonal. "Una suerte", piensa Lola. Se ponen cada uno en una entrada de la calle y Lola se queda enfrente del Palacio de Buenavista. El piso de Carmen Montes tiene que estar muy cerca de ahí.

Hace mucho calor. Pasa el tiempo y no pasa nada. Solo turistas, muchos turistas. "Vigilar así no es fácil", piensa Lola.

Una hora después, Gustavo le manda un mensaje:

---

24. Desayuno muy típico en Andalucía. Es manteca de cerdo con pimentón, orégano y laurel.

Lola reenvía el mensaje de Gustavo a Miguel y a Sara. Ninguno ha visto a Marlene ni a Alejandro ni a Carmen. Hay que seguir esperando.

"Qué pesado es esperar", piensa Lola, que es una mujer de acción.

Hacia la una Sara ve a una pareja. Él es muy alto y muy fuerte ,y lleva una gabardina.

"¡Una gabardina! Son ellos. Seguro. ¿Y por qué lleva este tío una gabardina siempre?".

Sara los sigue mientras llama a Lola.

—Mamá, los tengo. Van hacia donde estás tú. Alejandro lleva la misma gabardina.

—¿La gabardina? Está loco. Pero es una suerte, en realidad. Así es más fácil identificarlo.

Lola mira a su derecha y los ve. Van muy rápido. "Saben a dónde van", piensa. Empieza a seguirlos mientras llama a Miguel.

—Los tenemos, Miguel. A Marlene y a Alejandro. Creo que van a casa de Carmen Montes. Seguro que Marlene sabe su dirección. Quédate donde estás de momento. Te llamo enseguida.

Marlene y Alejandro entran en un portal casi enfrente de donde está Lola. Un minuto después llega Sara. Madre e hija entran en el portal. Miran los buzones. Carmen Montes vive en el último piso.

—Miguel, estamos en el número 17. En el cuarto piso.

Cuando Sara y Lola llegan a la puerta oyen unos gritos.

—Nunca vas a vivir con papá. Nuuuuunca.

—¿Por qué? ¿Porque lo dices tú?

—Calma, calma —dice una voz masculina.

—Mi padre no se da cuenta, pero tú solo quieres su dinero.

Se oyen golpes y un ruido de cristales rotos. El hombre grita:

—¿Queréis calmaros, por favor? Basta, basta.

Los ruidos siguen.

Y Lola decide actuar. Llama al timbre. Se paran los gritos y se oyen unos pasos hacia la puerta. Sin abrirla, Carmen dice:

—¿Quién es?

—Traigo unas flores para Carmen Montes —dice Lola.

"Qué buena actriz", piensa Sara.

Carmen abre la puerta.

—Lo siento, Carmen. Las flores tienen que esperar. Soy Lola Lago, detective, y creo que tenemos que hablar. Todos tenemos que hablar.

12
El principio del fin

Una hora después Lola llama a Daniela Klein.

—Hola, Daniela. Tengo muy buenas noticias. Alguien quiere hablar contigo...

Lola le pasa su móvil a Marlene.

—Mamá, mamá... Perdóname, por favor, perdóname.

Lola se aparta para dejar hablar a Marlene con su madre. No va a ser una conversación fácil.

Carmen Montes está llorando sentada en su sofá. Sara se sienta a su lado.

—Alguien me acosaba —dice Carmen—. En Facebook, por WhatsApp... Yo pensaba que era un loco, un pirao*. Un tío obsesionado conmigo... Pero era ella. ¡La hija de Andreas! ¿Y ahora qué?

Nadie le contesta.

Miguel habla con Alejandro:

—Carmen ha sido una obsesión para Marlene. Un día, hace unos meses, descubre que su padre tiene una amante. Marlene adora a su padre. Y no quiere perderlo. Tiene celos*, muchos celos. Por eso planea el viaje a Madrid, para escaparse y poder encontrar a esta mujer, a Carmen. Yo me opongo*. Nos peleamos, nos peleamos mucho durante semanas. Y decide dejarme. Me quedo destrozado* y muy preocupado. Cuando sé que, al final, se ha ido a Madrid, me imagino lo que va a hacer. Dejo mi trabajo y voy a buscarla. Quiero hablar con ella, convencerla. Voy al hotel y no está. El recepcionista me dice que han ido al Museo del Prado. La espero en la puerta. La veo salir sola, llorando, dispuesta a escapar. Está desesperada y decido ayudarla. Pero todo se complica: la denuncia, la prensa, la televisión, la policía... Por suerte, ya ha terminado todo.

Sara se acerca a Alejandro.

—Tengo una curiosidad...

—Dime.

—La gabardina. ¿Cómo puedes llevar una gabardina con este tremendo calor? ¿Complejo de Colombo[25]? ¿Moda?

—¿Por moda? No, qué va. Soy alérgico. Alérgico al sol.

Lola lo oye y se ríe, por fin, mientras marca el número de Rafael Gimeno. "Se lo voy a contar todo", piensa.

Unas semanas después, Lola está trabajando en un nuevo caso.

—Tienes una llamada —le dice Margarita.

—¿Quién es?

—No sé. No se lo he preguntado.

"Oh, noooo. Otra vez", piensa Lola.

—Pásamela.

—¿Lola? Soy Daniela Klein.

—¡Daniela! ¿Qué tal todo?

—Mejor, mucho mejor, Lola. Quería hablar contigo para contarte las novedades. Me he separado por fin y estoy muy bien. Mi marido... Bueno, mi exmarido se ha ido a vivir con Carmen.

---

25. Una conocida serie policíaca de los años 70. El personaje principal, el detective Colombo, siempre llevaba una gabardina.

Por lo visto, estaban realmente enamorados. Y yo me he quedado muy tranquila, libre y con mis hijos.

—¿Y qué tal Marlene?

—Lo ha pasado mal, la pobre. Va a un psicólogo y está mejor.

—¿Y sigue con Alejandro?

—Sí. Y más enamorados que nunca. Alejandro es un tipo estupendo.

—Pues sí. Lo es.

—Y Sebastian está bastante bien, también. Quiere ir a pasar una temporada a España. Madrid le ha gustado mucho.

—Pues es una buena noticia.

—Por cierto, me ha pedido el teléfono de Sara, ¿me lo puedes pasar?

"Dios mío, si Sara se entera de esto, deja la agencia", piensa Lola.

Cuando Lola cuelga el teléfono, mira por la ventana satisfecha: "Hemos hecho un buen trabajo". En ese momento suena su móvil. Lola mira la pantalla. Es Rafael Gimeno. Sonríe.

¿LO HAS ENTENDIDO BIEN?

Capítulo 1

1. Relaciona los personajes con las informaciones adecuadas (hay dos para cada personaje).

1. Lola

2. Sara

3. Margarita

4. Paco

5. Miguel

a. no habla mucho.
b. no es socia, pero trabaja en la agencia dese hace mucho tiempo.
c. tiene unos 50 años.
d. le gusta estar bien informada.
e. no quiere dedicarse a ese trabajo.
f. no trabaja muy bien.
g. es adicta a series policíacas.
h. sale mucho por las noches.
i. no tiene mucho éxito en lo que le gusta.
j. está pasando una crisis.

2. Descubre dónde está el despacho de Lola Lago y asociados.

a. Pon la dirección exacta en Google Maps.
b. Míralo, también, en Google Street View e intenta ver lo mismo que ve Lola desde su ventana.

Capítulo 2

1. **Una chica ha desaparecido, ¿qué sabemos de ella?
Completa con la información del capítulo.**

Nombre: Marlene..

Edad:..

Nacionalidad:...

Características físicas:..

Ropa:...

Aficiones:..

Día de la desaparición:..

Lugar de la desaparición:...

2. **Aquí tienes un resumen del momento de la desaparición
de Marlene. Ordena los datos.**

   a. Después de ver *Las Meninas*, Marlene desaparece. ☑

   b. La señora Klein y Sebastian vuelven al hotel y allí
   encuentran el móvil de Marlene. ☐

   c. Sebastian hace una copia de la tarjeta SIM de su
   hermana. ☐

   d. Madre e hijo buscan a Marlene por el museo. ☐

   e. Los dos esperan a Marlene en la puerta. ☐

Capítulo 3

1. Marca la continuación correcta en cada caso.

Lola cree que es...
- a. un secuestro
- b. una desaparición voluntaria

porque...
- a. no se ha llevado el móvil para no poder ser localizada.
- b. es una familia muy rica.

Por eso...
- a. solo van a investigar en una dirección.
- b. van a investigar todas las posibilidades.

2. Completa las frases con el vocabulario relacionado con la informática.

1. Por suerte tienen una . _copia_ . de la . . . . SIM del móvil de Marlene y Lola se pone a investigarla.
2. . . . . el ordenador y empieza a ver qué hay en el móvil.
3. Hace capturas de . . . . de las llamadas de Marlene justo antes de su desaparición.
4. Lola no se conecta a Internet, sino a otro tipo de . . . ., poco conocida, que usan los hackers.
5. En el teléfono encuentra . . . . eliminados.
6. Gus y Lola no usan Internet, sino que comparten una . . . .

Capítulo 4

1. **En este capítulo aparecen otros miembros de la agencia. Relaciona a cada uno con la información adecuada.**

1. Cristina
2. Carlos
3. Raquel

a. Estudia Criminología.
b. Es muy buena vigilando gente.
c. Tiene cara de buena persona.

2. **Aquí tienes un resumen de la comida de Lola Lago con el policía, Rafa Gimeno. Subraya las 5 informaciones falsas.**

Lola conoce a Rafa Gimeno desde hace tiempo. Han sido novios. <u>Lola se viste de manera informal para ir a verlo,</u> pero se pone mucho maquillaje. Cuando la ve en el restaurante, Rafa le dice que está muy guapa. Lola piensa que Rafa está muy viejo y nada atractivo. Hablan del caso de la desaparición de Marlene. La policía piensa lo mismo que Lola: que es un secuestro. Lola promete informar a Rafa de todo. Como ha hecho siempre. Durante la comida, cuando se miran a los ojos, ya no sienten nada de la antigua pasión.

Capítulo 5

1. **El taxista da mucha información sobre la chica y el chico del vídeo a la salida del museo. Completa los datos.**

	El chico	La chica
Ropa	Lleva una gabardina.	
Rasgos físicos		
Otras características		
Idioma que utilizan		

2. **Elige la respuesta correcta para cada pregunta.**

1. ¿Qué piensa Teodoro sobre el chico?
    a. Que es un secuestrador.
    b. Que no es un secuestrador.

2. ¿A qué parte de Madrid los lleva?
    a. A la Glorieta de Quevedo.
    b. A la calle de Alcalá.

3. A Margarita le gusta mucho Teodoro. ¿Por qué?
    a. Porque es atractivo.
    b. Porque parece rico.

4. Con lo que explica el taxista, Lola, Gustavo y Miguel descubren algo muy importante. ¿Qué es?
    a. El chico y la chica son dos desconocidos.
    b. El chico y la chica amigos enfadados.

3. **¿Quieres conocer el lugar al que los lleva el taxista?**

1. Búscalo en Google Maps.
2. Míralo, también, en Google Street View para poder conocerlo mejor.

Capítulo 6

1. **Marca si las afirmaciones son verdaderas (V) o falsas (F).**

	V	F
a. El señor Klein es un hombre muy poco seguro de sí mismo.	☐	☒
b. Al señor Klein el novio de Marlene no le parece adecuado para ella.	☐	☐
c. La señora Klein piensa lo mismo que su marido.	☐	☐
d. A Lola no le gusta nada el señor Klein.	☐	☐

2. **¿Qué información se consigue en la conversación con los Klein? Relaciona los elementos de las dos columnas.**

1. Lola y Miguel creen que el señor Klein ha investigado a Alejandro, el novio,

2. Los padres de Alejandro

3. Si Marlene está con su novio,

4. Como el padre de Marlene conoce el apellido de Alejandro

a. puede ser más fácil encontrarlo.

b. significa que no es un secuestro.

c. porque sabe muchas cosas sobre él.

d. viven donde el taxista llevó a Marlene y a Alejandro al salir del museo.

Capítulo 7

1. Aquí tienes un resumen de la conversación de Carlos con
    la madre de Alejandro. Subraya las 5 informaciones falsas.

<u>No es muy fácil localizar a la familia de Alejandro porque
Gurruchaga es un apellido español muy típico.</u> La madre de
Alejandro piensa que Carlos es un vendedor. Pero, cuando
descubre que no, habla con Carlos porque parece muy
buena persona y le pregunta por su hijo. La madre dice que
Alejandro ha estado allí con su novia. No es la primera vez
que la lleva a esa casa. La madre no reconoce a Marlene
cuando ve la foto que le enseña Carlos. Marlene se ha cam-
biado el color del pelo: ya no es castaño claro, sino negro.
Marlene le ha parecido muy nerviosa. Dice que Alejandro
y Marlene han comprado unos billetes baratos y se han ido
de viaje. Carlos le explica que la novia de Alejandro es la
chica desaparecida que sale en la tele. Entonces la madre
de Alejandro la reconoce.

2. En la segunda parte de este capítulo suceden cosas importantes. Señala si las siguientes afirmaciones son verdaderas (V) o falsas (F).

	V	F
a. Carlos piensa que si Marlene está con su novio, no es un secuestro, pero Lola tiene dudas.	☒	☐
b. Rafael Gimeno, el policía, informa a Lola de que Marlene y Alejandro ya no están en Madrid.	☐	☐
c. Lola avisa a su amigo policía de que tienen que buscar a dos personas porque Marlene está con su novio.	☐	☐
d. Lola está segura de que la policía todavía no tiene fotos del novio de Marlene.	☐	☐
e. El policía sabe que Lola tiene una copia de la tarjeta del móvil de Marlene.	☐	☐
f. Lola piensa que la policía está trabajando más rápido que ellos.	☐	☐

Capítulo 8

Aquí tienes las informaciones que descubrimos en este capítulo, pero no están ordenadas. Numéralas del 1 al 8, tal como van apareciendo en el texto.

a. Sara comprende que ese archivo es muy importante y avisa a Lola. ☐

b. La señora Klein no sabe si el señor Klein tiene alguna relación con otra mujer. ☐

c. Sara tiene un plan para conseguir información de Sebastian: va a llevarlo a un sitio que seguro le va a gustar. ☐

d. Lola descubre que la relación del matrimonio Klein no es nada buena. ☐

e. Sara no va a ir a la oficina y Lola cree que no quiere ir a trabajar. ☑

f. El señor Klein pasa mucho tiempo fuera de casa. ☐

g. Lola y Daniela toman un café juntas. ☐

h. Sebastian eliminó el archivo "Other" del teléfono de su hermana. ☐

Capítulo 9

1. Responde a estas preguntas. Busca en este capítulo de la novela la información necesaria.

1. Gustavo descubre algunas cosas importantes del archivo que se llama "Other". ¿Cuáles son?
Parece que puede estar relacionado con el padre de Marlene...
....
....
....

2. Primero piensan que Marlene y Carmen pueden ser muy amigas, pero luego se dan cuenta de que no, ¿por qué?
....

3. Gracias a la información de Facebook saben dónde pueden estar Marlene y Alejandro: ¿cómo se llama la ciudad?
....

4. Creen que Carmen Montes es muy importante. Busca una frase que significa esto.
....

5. Lola informa a Daniela Klein, pero le dice: "ni una palabra a tu marido". ¿Por qué crees tú que le dice eso?
....

2. Busca en Google la ciudad en la que está Carmen
Montes y responde a las preguntas.

a. ¿En qué comunidad autónoma está?

....

b. ¿A qué distancia está de Madrid?

....

c. ¿Cómo se puede llegar?

....

d. ¿Hay algún lugar muy famoso?

....

Capítulo 10

1. **Esto es todo lo que sabemos de Carmen Montes (consulta también el capítulo 9). Relaciona la información de las dos columnas.**

1. Carmen Montes es
2. Ha estudiado
3. Ha ganado
4. Ahora vive
5. Era una buena profesional, pero
6. Últimamente viaja
7. Ella se ha pagado los estudios

a. en una academia americana muy importante.
b. en un apartamento en Málaga.
c. muchísimo por todo el mundo.
d. bailarina.
e. trabajando en bares y restaurantes.
f. ha dejado la escuela de danza.
g. muchos premios.

2. **Gustavo y Lola, mirando las fotos de Facebook de Carmen, han localizado la calle donde vive. Búscala tú para verla, así como los edificios malagueños que se nombran en el capítulo.**

Capítulo 11

En este capítulo se descubre toda la verdad. Relaciona la información de las dos columnas.

1. Lola, Miguel y Sara vigilan la calle de Carmen.
2. El problema para vigilar
3. Lola es una mujer muy activa y, por eso,
4. Sara descubre a Alejandro porque
5. Marlene está gritándole a Carmen porque
6. Marlene piensa que

a. va vestido igual que en el vídeo de la salida del museo.
b. Es fácil porque es corta y peatonal.
c. no acepta la relación que tiene con su padre.
d. no le gusta estar vigilando, sin hacer nada más.
e. Carmen está con su padre por dinero.
f. es que hay demasiada gente. Turistas sobre todo.

Capítulo 12

Marca si las afirmaciones son verdaderas (V) o falsas (F).

	V	F
a. Carmen recibía extraños mensajes en su teléfono y redes sociales.	☒	☐
b. No sabía que los mensajes eran de Marlene.	☐	☐
c. Según Alejandro, Marlene siempre ha sido una persona muy obsesiva.	☐	☐
d. Cuando Marlene descubre que su padre tiene una amante, se pone muy celosa.	☐	☐
e. Está celosa porque no quiere perder a su padre.	☐	☐
f. Alejandro acepta el plan de Marlene de escaparse para ir a Madrid y buscar a Carmen.	☐	☐
g. Alejandro deja su trabajo y va a Madrid para ayudar a Marlene con su plan.	☐	☐
h. Cuando Alejandro ve a Marlene tan desesperada decide ayudarla.	☐	☐
i. Las cosas se complican cuando la familia piensa que es una desaparición y llama a la policía y a la prensa.	☐	☐
j. El final de la historia es bastante feliz para todos.	☐	☐

Sin noticias Glosario

ESPAÑOL	INGLÉS	FRANCÉS	ALEMÁN	NEERLANDÉS

1 Un nuevo caso: Netflix puede esperar

ESPAÑOL	INGLÉS	FRANCÉS	ALEMÁN	NEERLANDÉS
estar enganchado/a a	to be hooked on	être accro	süchtig sein	verslaafd zijn aan
valiente	brave	courageux, euse	mutig	moedig
enterarse (de algo)	to find out (sth)	s'informer (de)	(etwas) erfahren	zich op de hoogte stellen (van iets)
de toda la vida	lifelong	de toujours	von jeher	oude getrouwe
angustiado/a	distressed	angoissé, e	ängstlich	angstige
papel	role	rôle	Rolle	rol
cincuentón	fifty-something	quinquagénaire	um die Fünfzig	vijftiger
distraerse	to take (sb)'s mind out off (sth)	se distraire	sich ablenken	afleiding zoeken
sin maquillar	without makeup	sans fard	ungeschminkt	zonder make-up

2 Sin noticias de Marlene

ESPAÑOL	INGLÉS	FRANCÉS	ALEMÁN	NEERLANDÉS
conseguir (i)	to get	obtenir	erreichen	bereiken
picar	to nibble	grignoter	knabbern	knabbelen
suelo	floor	sol	Boden	grond

3 Los *hackers* nunca duermen

ESPAÑOL	INGLÉS	FRANCÉS	ALEMÁN	NEERLANDÉS
mala señal	bad sign	mauvais signe	schlechtes Zeichen	slecht teken
secuestro	kidnapping	enlèvement	Entführung	ontvoering
pasta (coloquial)	money	fric	Schotter	poen
porfa (coloquial)	please	s'il te plaît	bitte	alsjeblieft
sin falta	without fail	sans faute	unbedingt	beslist
no hay tiempo que perder	there's no time to lose	il n'y a pas de temps à perdre	Es gibt keine Zeit zu verlieren	er is geen tijd te verliezen
captura de pantalla	screenshot	capture d'écran	Screenshot	screenshot
pista	clue	piste	Spur	aanwijzing

ESPAÑOL	INGLÉS	FRANCÉS	ALEMÁN	NEERLANDÉS

4 Informática, mentiras y cámaras de vídeo

ESPAÑOL	INGLÉS	FRANCÉS	ALEMÁN	NEERLANDÉS
ritmo frenético	frantic pace	rythme frénétique	Hektik	hectisch
estar en plena acción	to be in full swing	dans le feu de l'action	hochbeschäftigt	volop in beweging zijn
cascos	headphones	casque	Kopfhörer	koptelefoon
temblar (ie)	to tremble	trembler	zittern	huiveren
tener (g, ie) cara de buena persona	to look like a nice person	avoir l'air d'être une bonne personne	sympathisch wirken	eruitzien als een goed mens
maldito/a	damned	maudit, e	verflixt	ellendig
broma	joke	blague	Scherz	grapje
chico/a de los recados	errand boy	garçon de courses	Laufbursche/ Laufmädchen	loopjongen
gabardina	mac, trench coat	gabardine	Trenchcoat	regenjas
bicho raro	weirdo	un drôle d'oiseau	komischer Kauz	vreemde vogel
maquillaje	makeup	maquillage	Make-Up	make-up
tener una edad	to be too old to do something	avoir un certain âge	Nicht mehr der/ die Jüngste sein	op een leeftijd zijn
disimular	to pretend	dissimuler	sich verstellen	simuleren

5 El misterioso hombre de la gabardina

ESPAÑOL	INGLÉS	FRANCÉS	ALEMÁN	NEERLANDÉS
pregunta tonta	silly question	question stupide	dumme Frage	stomme vraag
tío/a	lad, guy	gars, fille	Typ/ Frau	kerel
el tiempo corre	time is ticking	le temps passe	die Zeit verrinnt	de klok tikt door
vaya	wow, dear me	eh ben !	Na so was!	pf

ESPAÑOL	INGLÉS	FRANCÉS	ALEMÁN	NEERLANDÉS
6 La familia y uno más				
contrarreloj	against the clock	le plus vite possible	im Wettlauf mit der Zeit	tegen de klok
extrañarle (algo a alguien)	to be surprised	surprendre	verwundern	zich verbazen
desgraciado/a	idiot, moron	misérable	Nichtsnutz	mislukkeling
ajá	aha!	hum, hum	aha	juist
apostar (a que algo ha pasado)	to bet	parier	wetten	wedden
lavarle el cerebro (a alguien)	to brainwash (sb)	laver le cerveau (à quelqu'un)	(jemanden) das Gehirn waschen	(iemand) hersenspoelen
fiable	reliable, accurate	fiable	verlässlich	betrouwbaar
echar (a alguien de un lugar)	to throw out	expulser	rausschmeißen	wegsturen
7 Un poco de tranquilidad. Solo un poco				
fuente	source	source	Quelle	bron
ser tremendo/a	to be amazing	terrible	unglaublich sein	geweldig zijn

ESPAÑOL	INGLÉS	FRANCÉS	ALEMÁN	NEERLANDÉS

8 **No es oro todo lo que reluce**

ESPAÑOL	INGLÉS	FRANCÉS	ALEMÁN	NEERLANDÉS
parar el rollo (coloquial)	give it a rest	arrêter son baratin	halt mal die Luft an	met die onzin stoppen
friki (coloquial)	geek	freak	Freak	freak
tutear	to address (sb) informally as tú	se tutoyer	dutzen	tutoyeren
haber dinero en juego	there is money at stake	avoir de l'argent en jeu	es ist Geld im Spiel	er is geld mee gemoeid
pregunta delicada	sensitive question	question délicate	heikle Frage	een gevoelig onderwerp
entusiasmado/a	enthusiastic, excited	enthousiasmé	begeistert	enthousiast
apartarse	to move away	se mettre de côté	sich entfernen	zich afzonderen

9 **Avanzando, que es gerundio**

ESPAÑOL	INGLÉS	FRANCÉS	ALEMÁN	NEERLANDÉS
¡tachán!	ta-dah!	tadam !	Tada!	voilà

12 **El principio del fin**

ESPAÑOL	INGLÉS	FRANCÉS	ALEMÁN	NEERLANDÉS
pirao (pirado/a. coloquial)	lunatic, nutcase	cinglé	Irre/r	dwaas
tener celos	to be jealous	être jaloux, ouse	eifersüchtig sein	jaloers zijn
oponerse	to be against [sth], to object	s'opposer (à)	ich bin dagegen	zich verzetten
quedarse destrozado/a	to be devastated	être brisé, e	am Boden zerstört sein	van streek zijn